MW01382956

THIS PLANNER BELONGS TO:

_____

Goals for this year...

YEAR AT A GLANCE

JANUARY 2021

S	M	T	W	T	F	S
27	28	29	30	31	1	2
3	4	5	6	7	8	9
10	11	12	13	14	15	16
17	18	19	20	21	22	23
24/31	25	26	27	28	29	30

FEBRUARY 2021

S	M	T	W	T	F	S
31	1	2	3	4	5	6
7	8	9	10	11	12	13
14	15	16	17	18	19	20
21	22	23	24	25	26	27
28	1	2	3	4	5	6

MARCH 2021

S	M	T	W	T	F	S
28	1	2	3	4	5	6
7	8	9	10	11	12	13
14	15	16	17	18	19	20
21	22	23	24	25	26	27
28	29	30	31	1	2	3

APRIL 2021

S	M	T	W	T	F	S
28	29	30	31	1	2	3
4	5	6	7	8	9	10
11	12	13	14	15	16	17
18	19	20	21	22	23	24
25	26	27	28	29	30	1

MAY 2021

S	M	T	W	T	F	S
25	26	27	28	29	30	1
2	3	4	5	6	7	8
9	10	11	12	13	14	15
16	17	18	19	20	21	22
23/30	24/31	25	26	27	28	29

JUNE 2021

S	M	T	W	T	F	S
30	31	1	2	3	4	5
6	7	8	9	10	11	12
13	14	15	16	17	18	19
20	21	22	23	24	25	26
27	28	29	30	1	2	3

notes

JULY 2021

S	M	T	W	T	F	S
27	28	29	30	1	2	3
4	5	6	7	8	9	10
11	12	13	14	15	16	17
18	19	20	21	22	23	24
25	26	27	28	29	30	31

AUGUST 2021

S	M	T	W	T	F	S
1	2	3	4	5	6	7
8	9	10	11	12	13	14
15	16	17	18	19	20	21
22	23	24	25	26	27	28
29	30	31	1	2	3	4

SEPTEMBER 2021

S	M	T	W	T	F	S
29	30	31	1	2	3	4
5	6	7	8	9	10	11
12	13	14	15	16	17	18
19	20	21	22	23	24	25
26	27	28	29	30	1	2

OCTOBER 2021

S	M	T	W	T	F	S
26	27	28	29	30	1	2
3	4	5	6	7	8	9
10	11	12	13	14	15	16
17	18	19	20	21	22	23
24/31	25	26	27	28	29	30

NOVEMBER 2021

S	M	T	W	T	F	S
31	1	2	3	4	5	6
7	8	9	10	11	12	13
14	15	16	17	18	19	20
21	22	23	24	25	26	27
28	29	30	1	2	3	4

DECEMBER 2021

S	M	T	W	T	F	S
28	29	30	1	2	3	4
5	6	7	8	9	10	11
12	13	14	15	16	17	18
19	20	21	22	23	24	25
26	27	28	29	30	31	1

notes

JANUARY 2021

sunday	monday	tuesday	wednesday
27	28	29	30
3	4	5	6
10	11	12	13
17	18 Martin Luther King Day	19	20
24 / 31	25	26	27

thursday	friday	saturday	notes
31 New Year's Eve	Jan 1 New Year's Day	2	
7	8	9	
14	15	16	
21	22	23	
28	29	30	

JANUARY 2021

28 monday

29 tuesday

30 wednesday

31 thursday

New Year's Eve

1 friday

New Year's Day

2 saturday

3 sunday

JANUARY 2021

4 *monday*

5 *tuesday*

6 *wednesday*

7 *thursday*

8 *friday*

9 *saturday*

10 *sunday*

JANUARY 2021

11 monday

---

12 tuesday

---

13 wednesday

---

14 *thursday*

15 *friday*

16 *saturday*

17 *sunday*

JANUARY 2021

18 *monday*

Martin Luther King Day

19 *tuesday*

20 *wednesday*

21 *thursday*

22 *friday*

23 *saturday*

24 *sunday*

JANUARY 2021

25 monday

26 tuesday

27 wednesday

28 *thursday*

29 *friday*

30 *saturday*

31 *sunday*

FEBRUARY 2021

sunday	monday	tuesday	wednesday
31	Feb 1	2	3
7	8	9	10
14 Valentine's Day	15 President's Day	16	17
21	22	23	24
28	Mar 1	2	3

thursday	friday	saturday	notes
4	5	6	
11	12	13	
18	19	20	
25	26	27	
4	5	6	

FEBRUARY 2021

1 monday

2 tuesday

3 wednesday

4 *thursday*

5 *friday*

6 *saturday*

7 *sunday*

FEBRUARY 2021

8 *monday*

9 *tuesday*

10 *wednesday*

11 *thursday*

12 *friday*

13 *saturday*

14 *sunday*

Valentine's Day

FEBRUARY 2021

15 *monday*

President's Day

16 *tuesday*

17 *wednesday*

18 *thursday*

19 *friday*

20 *saturday*

21 *sunday*

FEBRUARY 2021

22 monday

23 tuesday

24 wednesday

25 *thursday*

26 *friday*

27 *saturday*

28 *sunday*

MARCH 2021

sunday	monday	tuesday	wednesday
28	Mar 1	2	3
7	8	9	10
14	15	16	17 St. Patrick's Day
21	22	23	24
28	29	30	31

thursday	friday	saturday	notes
4	5	6	
11	12	13	
18	19	20	
25	26	27	
Apr 1	2	3	

MARCH 2021

1 *monday*

2 *tuesday*

3 *wednesday*

4 *thursday*

5 *friday*

6 *saturday*

7 *sunday*

MARCH 2021

8 *monday*

9 *tuesday*

10 *wednesday*

11 *thursday*

12 *friday*

13 *saturday*

14 *sunday*

MARCH 2021

15 *monday*

16 *tuesday*

17 *wednesday*

St. Patrick's Day

18 *thursday*

19 *friday*

20 *saturday*

21 *sunday*

MARCH 2021

22 *monday*

23 *tuesday*

24 *wednesday*

25 *thursday*

26 *friday*

27 *saturday*

28 *sunday*

MARCH 2021

29 *monday*

30 *tuesday*

31 *wednesday*

I'm proud of...

APRIL 2021

sunday	monday	tuesday	wednesday
28	29	30	31
4 Easter	5	6	7
11	12	13	14
18	19	20	21
25	26	27	28

thursday	friday	saturday	notes
Apr 1	2	3	
8	9	10	
15	16	17	
22	23	24	
29	30	May 1	

Obstacles to overcome...

APRIL 2021

1 thursday

2 friday

3 saturday

4 sunday

Easter

APRIL 2021

5 monday

6 tuesday

7 wednesday

8 *thursday*

9 *friday*

10 *saturday*

11 *sunday*

APRIL 2021

12 *monday*

13 *tuesday*

14 *wednesday*

15 *thursday*

16 *friday*

17 *saturday*

18 *sunday*

APRIL 2021

19 *monday*

20 *tuesday*

21 *wednesday*

22 *thursday*

23 *friday*

24 *saturday*

25 *sunday*

APRIL 2021

26 *monday*

27 *tuesday*

28 *wednesday*

29 *thursday*

30 *friday*

1 saturday

2 sunday

MAY 2021

sunday	monday	tuesday	wednesday
25	26	27	28
2	3	4	5
9 Mother's Day	10	11	12
16	17	18	19
23 30	24 Memorial Day 31	25	26

thursday	friday	saturday	notes
29	30	May 1	
6	7	8	
13	14	15	
20	21	22	
27	28	29	

I'm grateful for...

MAY 2021

29 thursday

30 friday

1 saturday

2 sunday

MAY 2021

3 *monday*

4 *tuesday*

5 *wednesday*

6 thursday

7 friday

8 saturday

9 sunday

Mother's Day

MAY 2021

10 *monday*

11 *tuesday*

12 *wednesday*

13 *thursday*

14 *friday*

15 *saturday*

16 *sunday*

MAY 2021

17 *monday*

18 *tuesday*

19 *wednesday*

20 *thursday*

21 *friday*

22 *saturday*

23 *sunday*

MAY 2021

24 *monday*

25 *tuesday*

26 *wednesday*

27 *thursday*

28 *friday*

29 *saturday*

30 *sunday*

MAY 2021

31 *monday*

Memorial Day

1 tuesday

2 wednesday

I can improve...

JUNE 2021

sunday	monday	tuesday	wednesday
30	31	Jun 1	2
6	7	8	9
13	14	15	16
20 Father's Day	21	22	23
27	28	29	30

thursday	friday	saturday	notes
3	4	5	
10	11	12	
17	18	19	
24	25	26	
Jul 1	2	3	

JUNE 2021

31 monday

1 tuesday

2 wednesday

3 thursday

4 friday

5 saturday

6 sunday

JUNE 2021

7 *monday*

8 *tuesday*

9 *wednesday*

10 *thursday*

11 *friday*

12 *saturday*

13 *sunday*

JUNE 2021

14 monday

15 tuesday

16 wednesday

17 *thursday*

18 *friday*

19 *saturday*

20 *sunday*

Father's Day

JUNE 2021

21 *monday*

22 *tuesday*

23 *wednesday*

24 *thursday*

25 *friday*

26 *saturday*

27 *sunday*

JUNE 2021

28 *monday*

29 *tuesday*

30 *wednesday*

I'm thankful for...

JULY 2021

sunday	monday	tuesday	wednesday
27	28	29	30
4 Independence Day	5	6	7
11	12	13	14
18	19	20	21
25	26	27	28

thursday	friday	saturday	notes
Jul 1	2	3	
8	9	10	
15	16	17	
22	23	24	
29	30	31	

My wellness goals...

JULY 2021

1 *thursday*

---

2 *friday*

---

3 *saturday*

---

4 *sunday*

Independence Day

JULY 2021

5 *monday*

6 *tuesday*

7 *wednesday*

8 *thursday*

9 *friday*

10 *saturday*

11 *sunday*

JULY 2021

12 *monday*

13 *tuesday*

14 *wednesday*

15 *thursday*

16 *friday*

17 *saturday*

18 *sunday*

JULY 2021

19 *monday*

20 *tuesday*

21 *wednesday*

22 thursday

23 friday

24 saturday

25 sunday

JULY 2021

26 *monday*

27 *tuesday*

28 *wednesday*

29 *thursday*

30 *friday*

31 *saturday*   *1 sunday*

AUGUST 2021

sunday	monday	tuesday	wednesday
Aug 1	2	3	4
8	9	10	11
15	16	17	18
22	23	24	25
29	30	31	Sept 1

thursday	friday	saturday	notes
5	6	7	
12	13	14	
19	20	21	
26	27	28	
2	3	4	

I'm thankful for...

AUGUST 2021

29 thursday

30 friday

31 saturday

1 sunday

AUGUST 2021

2 monday

3 tuesday

4 wednesday

5 *thursday*

6 *friday*

7 *saturday*

8 *sunday*

AUGUST 2021

9 *monday*

10 *tuesday*

11 *wednesday*

12 *thursday*

13 *friday*

14 *saturday*

15 *sunday*

AUGUST 2021

16 *monday*

17 *tuesday*

18 *wednesday*

19 *thursday*

20 *friday*

21 *saturday*

22 *sunday*

AUGUST 2021

23 *monday*

24 *tuesday*

25 *wednesday*

26 *thursday*

27 *friday*

28 *saturday*

29 *sunday*

AUGUST 2021

30 *monday*

31 *tuesday*

1 wednesday

I'm inspired by...

SEPTEMBER 2021

sunday	monday	tuesday	wednesday
29	30	31	Sep 1
5	6 Labor Day	7	8
12	13	14	15
19	20	21	22
26	27	28	29

thursday	friday	saturday	notes
2	3	4	
9	10	11	
16	17	18	
23	24	25	
30	Oct 1	2	

SEPTEMBER 2021

30 monday

31 tuesday

1 *wednesday*

2 *thursday*

3 *friday*

4 *saturday*

5 *sunday*

SEPTEMBER 2021

6 *monday*

Labor Day

7 *tuesday*

8 *wednesday*

9 *thursday*

10 *friday*

11 *saturday*

12 *sunday*

SEPTEMBER 2021

13 *monday*

14 *tuesday*

15 *wednesday*

16 *thursday*

17 *friday*

18 *saturday*

19 *sunday*

SEPTEMBER 2021

20 *monday*

21 *tuesday*

22 *wednesday*

23 *thursday*

24 *friday*

25 *saturday*

26 *sunday*

SEPTEMBER 2021

27 monday

28 tuesday

29 wednesday

30 *thursday*

1 friday

2 saturday

3 sunday

OCTOBER 2021

sunday	monday	tuesday	wednesday
26	27	28	29
3	4	5	6
10	11 Columbus Day	12	13
17	18	19	20
24	25	26	27
Halloween 31			

thursday	friday	saturday	notes
30	Oct 1	2	
7	8	9	
14	15	16	
21	22	23	
28	29	30	

My happiness comes from...

OCTOBER 2021

30 thursday

1 *friday*

2 *saturday*

3 *sunday*

OCTOBER 2021

4 *monday*

5 *tuesday*

6 *wednesday*

7 *thursday*

8 *friday*

9 *saturday*

10 *sunday*

OCTOBER 2021

11 monday

Columbus Day

12 tuesday

13 wednesday

14 *thursday*

15 *friday*

16 *saturday*

17 *sunday*

OCTOBER 2021

18 *monday*

19 *tuesday*

20 *wednesday*

21 *thursday*

22 *friday*

23 *saturday*

24 *sunday*

OCTOBER 2021

25 *monday*

26 *tuesday*

27 *wednesday*

28 *thursday*

29 *friday*

30 *saturday*

31 *sunday*

Halloween

NOVEMBER 2021

sunday	monday	tuesday	wednesday
31	Nov 1	2	3
7	8	9	10
14	15	16	17
21	22	23	24
28	29	30	Dec 1

thursday	friday	saturday	notes
4	5	6	
11 Veterans Day	12	13	
18	19	20	
25 Thanksgiving	26	27	
2	3	4	

NOVEMBER 2021

1 monday

2 tuesday

3 wednesday

4 *thursday*

5 *friday*

6 *saturday*

7 *sunday*

NOVEMBER 2021

8 *monday*

9 *tuesday*

10 *wednesday*

11 *thursday*

Veterans Day

12 *friday*

13 *saturday*

14 *sunday*

NOVEMBER 2021

15 *monday*

16 *tuesday*

17 *wednesday*

18 *thursday*

19 *friday*

20 *saturday*

21 *sunday*

NOVEMBER 2021

22 *monday*

23 *tuesday*

24 *wednesday*

25 *thursday*

Thanksgiving

26 *friday*

27 *saturday*

28 *sunday*

NOVEMBER 2021

29 *monday*

30 *tuesday*

1 wednesday

Goals for next year...

DECEMBER 2021

sunday	monday	tuesday	wednesday
28	29	30	Dec 1
5	6	7	8
12	13	14	15
19	20	21	22
26	27	28	29

thursday	friday	saturday	notes
2	3	4	
9	10	11	
16	17	18	
23	24	25 Christmas Day	
30	31 New Year's Eve	Jan 1 New Year's Day	

DECEMBER 2021

29 monday

30 tuesday

1 *wednesday*

2 *thursday*

3 *friday*

4 *saturday*

5 *sunday*

DECEMBER 2021

6 *monday*

7 *tuesday*

8 *wednesday*

9 *thursday*

10 *friday*

11 *saturday*

12 *sunday*

DECEMBER 2021

13 monday

14 tuesday

15 wednesday

16 *thursday*

17 *friday*

18 *saturday*

19 *sunday*

DECEMBER 2021

20 *monday*

21 *tuesday*

22 *wednesday*

23 *thursday*

24 *friday*

25 *saturday*

26 *sunday*

Christmas Day

DECEMBER 2021

27 *monday*

28 *tuesday*

29 *wednesday*

30 *thursday*

31 *friday*

New Year's Eve

1 saturday

New Year's Day

2 sunday

JANUARY 2022

sunday	monday	tuesday	wednesday
26	27	28	29
2	3	4	5
9	10	11	12
16	17 Martin Luther King Day	18	19
23 / 30	24 / 31	25	26

thursday	friday	saturday	notes
30	31	Jan 1	
	New Year's Eve	New Year's Day	
6	7	8	
13	14	15	
20	21	22	
27	28	29	

NOTES

NOTES

NOTES

NOTES

NOTES

Made in United States
Troutdale, OR
03/13/2024

18439823R00096